INTRODUCTION

This book is based on a 3-part article series I wrote for Occupy.com, shortly after the 2012 election. While the text of those three articles is included here, this ebook contains additional how-to guides and other critical details that were left out of the articles. Some of the best people I ever knew worked on the Take Down Frank Guinta campaign, and deserve a mention here.

Vince Greco, a field organizer for Take Down Guinta, came up with the idea of getting 100 volunteers to say yes in order to get 50 people to come to the baseball-themed event. He called it "organizer math." Vince and I also put up flyers all over downtown Manchester, and worked on several 50-foot signs.

Phil Cassista and his wife, Sue, are both talented musicians living in Raymond, New Hampshire, who played banjo and fiddle, respectively, in their bluegrass song about Frank Guinta's secret account. Sue also played fiddle while we burned wooden cutouts of New Hampshire in the background for a Take Down Guinta Youtube video.

Jack Cochrane was kind enough to relive the painful experience of losing his job, having his daughter move out, being unable to find a new job, and being let down and lied to by his Congressman, all for a Take Down Guinta video. Thanks to Jack's help, we circulated a video that had a powerful impact on the campaign, and got a lot of traction in the media.

Taylor Coots, campaign director for CREDO SuperPAC's Take Down Guinta campaign, coordinated phonebanking and canvassing operations in the last few months of the effort. Thanks to Taylor's work, we called thousands of homes and knocked on just as many doors, reaching enough voters to unseat Guinta. Coots is also a fellow Kentuckian, so I have to tip my hat to him.

Becky Bond, head of CREDO Mobile's political operations and coordinator of the CREDO SuperPAC, came out to a weekend canvass in Portsmouth, New Hampshire in late September, despite being responsible for campaigns in ten different districts around the country. Thanks to Becky's efforts, the CREDO SuperPAC ousted not only Frank Guinta in New Hampshire, but Allen West in Florida, Joe Walsh in Illinois, Chip Cravaack in Minnesota, and Dan

Lundgren in California. CREDO even gave Michelle Bachmann a scare in Minnesota, coming just 400 votes short of ending her career.

I also need to acknowledge the efforts of campaign volunteers Mark Provost, Matt Lawrence, Paul Brochu, Nikki Casey, Lia Casey, Diane Raymond, and many others. These volunteers helped out with everything from social media outreach to making our signature 50-foot banners, recruiting other volunteers, posting flyers, calling phones, knocking doors, making posters, and other crucial tasks. We wouldn't have won without them.

And I would be remiss if I didn't give a shout-out to Mattie Gilmartin, my landlady in Manchester, and her son, Brendan, for being so hospitable to all of the friends and volunteers I brought over, who gave up couches so they could stay the night, and to Mattie especially for allowing me to be late on rent when I spent my money on banner-making materials and gas to drive volunteers all over the state.

Still reading? Good. The next 30 pages will include everything you need to end your least favorite Congressman or state representative/senator's career. If you have additional questions after reading this, send me a tweet. My handle is @uncutCG.

HOW TO OUST A CONGRESSMAN

PART 1: DIRECT ACTION

Republican Congressman Frank Guinta, former mayor of Manchester, New Hampshire, had no expectations of losing his bid for re-election in the summer of 2012.

He was up in the polls against his prospective opponent, Carol Shea-Porter, whom he easily defeated in the GOP wave of 2010. He had a clear edge in fundraising and the support of his district's media. But by November 6, Guinta's constituents couldn't wait to vote him out of office. He ended up losing to Shea-Porter by 4 points after beating her in 2010 by 12 points — a 16-point swing in just two years.

And here is the story of how that effective, campaign-changing attention to unseat an extreme rightist came about:

Between April and November of 2012 in Manchester, a small ragtag group of Occupy activists teamed up with CREDO SuperPAC's small ragtag organization, with its bare-bones funding and staff, and for seven months used a combination of direct action, narrative control and tried-and-true political organizing techniques to build a movement that turned a once-popular congressman's name into a toxic brand even his supporters were reluctant to embrace.

In three sections, I will explain how we did this and lay out a plan so that others can do this in their local community, to their own congresspeople, in 2014. This model also can work for incumbent state legislators inside their own districts, and even against well-established corporate-funded Democrat members of Congress in primary races.

It's important to remember that this is not and should not be understood as "negative" campaigning: it is accountability campaigning. We're not talking about digging up dirt in anyone's personal lives, interviewing mistresses on TV or spending millions on attack ads. All we want to do is to help build a movement that holds our local congresspeople and state legislators accountable for voting records when those records show overwhelming deference to donors and special interests, rather than the interests of the citizens who elect them.

PART 1: DIRECT ACTION

Your Congressman, as an elected official serving at the federal level, will make news wherever s/he goes, doing whatever s/he does. A successful direct action will divert the narrative from the Congressman's activity to your direct action, turning the narrative against him or her. The best direct actions are a trifecta of spectacle, humor and intelligence, using an overarching theme that ties it all together. An action missing any of these three things will likely be ignored or dismissed by the media you intend to capture.

A: Spectacle

Anything that catches the eye, that makes people stop what they're doing and stare, is best. Even if you don't have many people to help carry out the action or a lot of money to spend on props, you need to create enough spectacle that you command attention to your message from anyone in the vicinity.

Your spectacle should be lighthearted enough to get support, and hopefully amusement, from neutral passersby while still being memorable and visible with the message. Anyone organizing a direct action needs to recognize the fine line to tread between getting too serious to the point of turning off people who want to listen to you, and having a great time with great props that perhaps don't communicate your message as effectively as possible.

In August, one Guinta appearance was at a chemical plant in Merrimack, N.H., which is solidly conservative and favorable to Guinta. The event took place during the day, in the middle of the week, so our volunteer participation was limited. The five activists who came brought along a 50-foot sign made out of deer fence that read, "FIRE FRANK GUINTA NOVEMBER 6TH."

We held the sign on the main road adjacent to the chemical plant. Even with only five volunteers, our sign was extremely visible and got the attention of every car that passed, inciting drivers to react with either a thumbs-up, a honk, or a middle finger. You can see a photo of the action here. At the end of this chapter, I'll explain step-by-step how to make a highly-visible, 50-foot banner that will become the talk of the town and the media as you take it around regularly to your visibilities.

B: Humor

Your message won't get through to the people who need to hear it the most unless you communicate it in a humorous way. That's why so many more people watch Jon Stewart instead of Brian Williams. All of your direct actions should have a humorous theme that lets your volunteers and supporters have fun at your Congressman's expense.

In one instance, Frank Guinta held a fundraiser at a late July baseball game, which became a staging ground for a day-long direct action. We learned about the event several weeks ahead of time when an organizer received a flyer promoting the fundraiser from one of Guinta's staffers. To prepare, we not only called every volunteer we knew but we gathered props and costumes for our baseball-themed event. Vince, a CREDO SuperPAC organizer, made a list on the wall of every volunteer we knew and prospective volunteers, with the goal of getting 100 of them to commit to coming to the event, expecting 50 to actually show up. I made another deer fence/tyvek sign that read "GUINTA = MOST VILE POLITICIAN." We were also handing a "Most Vulnerable Politician" award to Guinta, face to face.

Vince got his 100 commits, and as expected, there ended up being more than 50 people at our action. We held whiffle ball bats and wore baseball caps and sunglasses, swinging and striking out for passersby, yelling out some of Guinta's worst votes as we swung. One picture that went viral on social media was a female volunteer holding up a baseball-themed sign that advertised Guinta's atrocious record on women's issues. We even hired a local DJ to play music next to the action, putting a good mood on the day. The result: we informed and amused the crowd before they even went into the game, and gave those who didn't know Guinta a bad first impression of the Congressman.

C: Intelligence

Remember: these are really, really bad legislators you're targeting. They vote consistently against the interests of jobless veterans, women, and even 280,000 kids on school lunch programs, all to preserve low taxes for millionaires. They receive hundreds of thousands in campaign donations from big corporations, then vote on their behalf against the best interests of their constituents. Holding these men and women accountable for their atrocious record is the whole reason for your direct action. Intelligence is defined here as both effective communication of your message, along with acquiring knowledge of your target's upcoming appearances to stay one step ahead of the game and always be on their tail wherever they go.

Our group learned about another upcoming Guinta fundraiser by chance, when we infiltrated a Seacoast Republican Women forum in Dover, N.H., and gained intel by acting like Republicans and schmoozing with the attendees. We learned Guinta himself wouldn't be there, so we used this information to plant anti-Guinta seeds amongst the attendees just a week before the primary (one of the attendees, the former GOP chairman in N.H., later wrote this disparaging op-ed about Guinta just before the primary). A table inside the event was loaded with flyers, one of which advertised an ice cream social that cost $20 to enter and featured former Republican Minnesota Governor Tim Pawlenty. Guinta's name wasn't on the bill, but his campaign office was located just a block from the fundraiser so it was safe to assume he would be there. We had three days to act.

We had been creating widely-shared internet memes casting Guinta as the Dos Equis Man, saying unflattering things about his record. In Manchester, a locally-owned bar/restaurant owned by an Occupy supporter had a cardboard cutout of the Dos Equis man, which we borrowed as a prop for the action. We printed out a portrait of Guinta, cut out the face and taped it over the Most Interesting Man's face. Then we cut out a piece of cardboard that resembled a sack of money and we painted a green dollar sign on it before taping it over the bottle of Dos Equis the cutout was holding. This was intended to symbolize Guinta's ongoing FEC investigation over $355,000 in unaccounted campaign donations. We then made two word bubbles, one of which said "I DON'T ALWAYS TELL THE FEC ABOUT MY SECRET ACCOUNTS," and another that said, "BUT WHEN I

DO, I DON'T." We then posed for a picture with our Guinta cutout, shared it on social media, and watched it get shared all over our networks. We ended up with 40 people at our action.

Guinta ended up calling off the fundraiser, as there were more protesters than donors present. The best part was watching his donors and supporters drive up to the location, and telling them all that the event had been cancelled. An Examiner reporter documented the action and our message here.

The next part of this series will discuss how to control the media narrative and overwhelm a district's political conversation with your message using traditional and social media, putting your opponent on defense in front of the community.

HOW TO MAKE A 50-FOOT BANNER

What you need:

- -1 50-foot roll of deer fence from a home improvement store – get the slightly more expensive kind made of plastic, rather than the flimsy mesh version. Plastic deer fences can be re-used again, whereas the mesh ones are a one-and-done deal.
- -1 roll of Tyvek housewrap. The housewrap is a significant expense, between $80 and $90, but one roll will last you the entire campaign and can be used for multiple signs. Throughout the course of the anti-Guinta campaign, we made roughly ten different banners with different messages.
- -1 set of black magic markers
- -1 pen
- -1 pair of strong scissors
- -2 100-count bags of industrial-size plastic cable ties
- -2 cans of fluorescent orange spray paint
- -1 gravel parking lot, or a willing friend with a big backyard or lot
- -2 big rocks or folding chairs

A: First, unroll your Tyvek housewrap by about twenty feet. Also unroll a portion of your deer fence, for size reference. This is ideally done outside or inside a very large room, like a basement or a gymnasium.

B: Outline block letters on the Tyvek with a black magic marker. Ideally, you should write out your desired message ahead of time on a piece of paper, and count how many of each letter you'll need to cut out so your message is seen. The most visible deer fence banners are no more than 25 to 28 characters long. For example, FIRE FRANK GUINTA NOVEMBER 6 is 28 characters, including spaces. Make sure your letters are no taller than the deer fence will allow.

C: Cut out your outlined block letters with scissors. Stack them in order, making sure to have the first letter of the first word on the top of the stack to make banner construction easier.

D: Use a pen to make holes in the corner of each letter. Err on the side of more holes than less – these holes should also be about two inches away from the border to avoid tearing once fastened to the banner.

E: After making all of your holes in each letter, unroll the entire deer fence and lay out your letters in order to make sure your message fits on the 50 feet of space you have to work with.

F: Insert the cable ties through the holes you've created on your letters, and fasten them down to the deer fence. Fasten it tight enough to keep the letter on the banner without flapping in the wind, but not so tight that the Tyvek tears against the pressure.

G: Use your scissors to cut the ends off of the cable ties. Now you can roll up your deer fence, with your message attached, and fit it in the trunk of a car without the message moving at all.

H: Take your deer fence to a gravel parking lot or to your willing friend's backyard or lot. Unroll it all the way, and put a rock on each end to keep it from folding up, or use the legs of your folding chairs to hold the fence down. Spray each letter with your orange paint, making sure to cover all white parts. The ideal spray distance is about 8 inches from the letter for maximum coverage and concentration. Move your wrist left to right in a quick motion to get the most out of your cans of spray paint.

I: Allow your paint to dry for 45 to 60 minutes.

J: Your 50-foot sign is ready! Take it to a visible location during morning or evening rush hour traffic, and bring at least 4 friends, each of you standing ten feet apart.

PART 2: NARRATIVE CONTROL

In this section, I'll discuss how to control the political conversation and media narrative of your congressional district, putting your representatives on defense over their record. Accomplishing this goal will require a combination of branding, social media savvy, and the voice of the people.

A: BRANDING

The primary goal of narrative control, in this case, is to turn your Congressman's name into a toxic brand that nobody wants to associate with.

By Election Day, you want this brand to be so powerful that people will associate it with a losing effort. Because nobody wants to root for the losing team. Establishing a negative brand around your Congressman's name will only become more effective the more you do it, and the closer you get to Election Day.

One effective way to shape a congressman's brand is with creative direct action, as described in the earlier post. But branding is best done through consistent use of memorable visuals, catchy slogans, and associations with his or her deplorable voting record.

During June and July of 2012, I and a fellow organizer pinpointed the heavily-traveled sidewalks in Manchester and printed hundreds of flyers that read "FIRE FRANK NOV 6" featuring an unflattering picture of Guinta. We then spent several weeks strategically placing the flyers on telephone poles and public walls around these heavily-traveled pathways, where we knew people were walking to and from work.

After three straight Thursday nights of papering, my friend and I were having a drink at a local bar when we found ourselves in a conversation with a pair of undecided voters sitting next to us. We mentioned Frank Guinta's name, and the other bar patrons mentioned seeing flyers around town with his name and face on them.

"I remember them! They said, 'Fire Frank' or something like that," one of the bar patrons said to me. "I wonder who put those up?"

My friend and I grinned at each other. "I'm not sure, but I reckon that guy's not too popular in this town," I said.

"Fire Frank" became our brand, as it was easily memorable and conveyed our message. Over the next few months, this phrase found itself on 50-foot signs at direct actions, letters to the editor and op-eds in local newspapers across the district, video testimonies we recorded, and the name of our social media efforts.

B: SOCIAL MEDIA

As most of us are aware, traditional media is becoming more and more a thing of the past. While newspapers, radio and TV still exist and still serve as the primary source of information for a lot of people, all of those media sources now take their cues from whatever is trending on social media.

Ryan Holiday, author of "Trust Me, I'm Lying," wrote all about how to manipulate the traditional media news cycle by knowing how to control the conversation in the blogosphere. The short of it is this: if social media is repeatedly turning out posts that gets lots of likes, shares and retweets, the traditional media notices and reflects it in its coverage. At the end of this section, I've included a how-to on controlling the local and national media narrative, using Holiday's techniques.

Once you've established your brand, the effort to oust your Congressman should be alive and well on social media, with consistent posts that promote your brand and help it go viral. Use twitter to post unflattering facts about your Congressman's record every few hours, and make sure to use links (shortened with bit.ly or tinyurl) to back up what you say, while mentioning your Congressman's official twitter handle and campaign handles as much as possible.

Follow all of your local TV stations, radio stations and newspapers on your brand's twitter account, and as many local political reporters as you can stand. Monitor their tweets to see if they'll be covering any events where your Congressman will be. Then, gather some friends and some materials to hold a direct action that is guaranteed to turn media attention away from the Congressman and towards you and your group.

Your Facebook posts can be a little longer and more descriptive, and posting images and photos will ensure your posts get more likes and shares. Make sure you add all of your volunteers and other members of the community as friends, and mention them in comments using the @ symbol whenever you want them to share something you've posted.

Place a special emphasis on your friends who are heavy users with extensive networks. You can even make a group where all of these heavy users with vast networks are content creators, so they can do a bulk of the posting and sharing for you. If you or anyone you know is good at making memes or animated gifs, and if you can make these gifs relate at least tangentially to your congressman, their voting record, or your brand, start a Tumblr page that features these memes and animated gifs and share them widely.

A humorous and memorable meme is essential for viral success on social media. In New Hampshire, we made a series of popular memes that had Guinta's face photoshopped onto the face of the Dos Equis man, using livememe.com for the font and text. Each meme would refer to Guinta's voting record, or humorous and embarrassing news stories about Guinta, with a link included in the description.

When your photo, brand and link are all packaged neatly, they'll spread like wildfire. Some of the best memes we made of Guinta were ones spoofing his ongoing federal investigation over $355,000 in unaccounted campaign funds, and one that spoofed Guinta's involvement in a Manchester bar fight when he was mayor of the city.

After these memes were created, we shared them on the Fire Frank Nov 6 Facebook page, Twitter and Tumblr, where our networks shared them widely with their friends across the district. In doing this, we turned Guinta and his record into a laughingstock, only adding to our brand's notoriety.

C: VOICE OF THE PEOPLE

To really drive home your effort and make it stick, you need volunteers from across the district who are willing to speak on the record against your Congressman's voting record. These volunteers have to be diverse: you'll need women, students, workers, teachers, small business owners, Latinos, seniors and other groups to widen your reach to as many people as you can. These volunteers must be able to share their own story, and how it relates to your Congressman screwing them over with his voting record.

When you have your volunteers lined up, interview them on video, and make sure the footage will have high-quality video and audio. These videos should then be edited down to about two or three minutes, sticking to just one or two poignant parts of the interview. Post your videos on your brand's YouTube account, and share them on your brand's social media platforms.

To reach traditional media, write 150 to 200 word letters to the editor in the voice of your volunteers, get your volunteers' approval, and email them to the op-ed editor for each local newspaper in your district. These papers are starved for content and readers, so unless they're heavily biased in favor of your Congressman, they'll print at least half of the pieces you send out. Check the following issues of those papers for your letter, monitor the letter to the editor section of those papers' websites, and keep an archive of whatever they print.

In one instance, we recorded a video of a New Hampshire volunteer named Jack talking about his experience in fruitlessly searching for jobs after he was fired from his last job. He even went to one of Guinta's town halls and asked his Congressman if there was anything he could do to help him.

Guinta was caught on video saying that not only would he help Jack, but he would give Jack his cell number, take Jack's resume and send it around, and personally pick Jack up at his house and go job-hunting with him. However, Guinta never followed through on his promise, and Jack never heard from Guinta again, despite repeated attempts to contact his congressional and campaign offices.

Jack eventually lost his home, where his daughter was also staying, and was forced to break apart his family unit. Our video of Jack was shared on the front page of a progressive blogging site in New Hampshire, and my blog summarizing Jack's story was published on Michael Moore's blog, meaning negative attention at the national level for Guinta.

HOW TO DRIVE THE MEDIA CONVERSATION USING SOCIAL MEDIA

What you need:

- -A list of contact emails and twitter handles of influential bloggers and local political reporters in your congressional district
- -A list of phone numbers for syndicated drive-time talk radio shows in your district
- -A list of contact emails and twitter handles of influential bloggers for nationally-known blogs like Huffpost, Salon, Gawker, Mashable, Wired, Business Insider, Forbes, etc.
- -A list of contact emails and twitter handles of influential bloggers and political reporters for major news sources like CNN, MSNBC, Politico, Bloomberg, New York Times, WaPo, etc.
- -A dozen or so dummy gmail, yahoo, and Hotmail accounts, with passwords written down and stored in a safe place. The more dummy accounts, the better
- -Connections to influential Facebook, Twitter, Tumblr and Instagram accounts friendly to your cause

A. Create the maximum amount of Gmail, Hotmail, and Yahoo email accounts that are allowed. Ideally you should have around 3 dozen email accounts. You'll never remember the passwords, so write them down and store them safely. Create twitter accounts for each of these email accounts. Take 5 minutes every morning and evening to tweet from these accounts, or retweet the tweets of other accounts you follow.

B. Create a newsworthy event, like a visibility with your 50-foot banner at one of your congressman's events, or publish an op-ed from a member of your community with a story to tell of how the congressman's policies negatively affected their life in a local paper.

C. Use about a dozen of your dummy accounts to contact local political reporters and bloggers, all of which allude to the event that occurred or op-ed that was published. Keep your emails brief, and write them in varied voices, not thinking too hard about what you write. Do the same with your dummy Twitter accounts. Send emails and tweets at varied points throughout the day, and ask reporters why they aren't covering the event or trying to contact the op-ed writer. Ask anyone you know connected to large, influential social media accounts to give you a share or a retweet. This shows the reporter that the community is paying attention to this event, which makes the reporter feel like they're missing out on a big story.

D. When the local reporter publishes the story about your event or about the person who published the op-ed, put your dummy accounts to work on bloggers for the nationally-published sites mentioned earlier, working them the same way you worked the local reporter. Allude to the event or op-ed, posting a photo or a link to the op-ed, or a link to the local reporter's story. Since it's an election year, and because bloggers are paid to consistently post contact, you'll likely get at least one or more responses from the national bloggers.

E. After the national blogger writes about your event or mentions the local news report/cites the op-ed, put your dummy email and twitter accounts to work again, working on the reporters for the national news sites. Variate between photos of the event, and make sure to link to the national blogger's story.

Whether or not the political reporters for those national publications decide to run with the story, your aim should be to get as much value out of every event or op-ed that brands your congressman as someone unpopular with his or her constituents. With a consistent assault in the streets and in the media, your brand will start to assert itself over your congressman's advertising. The more your congressman's name gets mentioned in stories critical to his/her campaign, the more his own advertising will hurt him/her.

If you feel tentative about setting up dummy email and twitter accounts to deceive reporters into covering what you want them to cover, that's perfectly normal for anyone with a conscience. But you should also remember that your Congressman is taking bribes (re: campaign donations) from corporations to do their bidding and enrich themselves and people like them at the expense of people's lives in your community. You should also be aware that dark money groups are spending insane amounts of money from undisclosed donors to blanket radio and TV airwaves with deceptive, negative messaging. If you want to fight back their media assault and get your message through the cacophony, you should be prepared to do this by any means necessary.

If you want your congressman to lose, it's essential to learn how the media decides on what to cover. For corporate-owned media outlets, they rarely cover anything that could harm their corporate owner's profit motive without the appearance of immense public pressure. National bloggers often copy and paste corporate press releases emailed to them because they're always desperate for new content. Understanding the value of techniques should also come with the understanding that Holiday's media manipulation techniques can be used for good or evil. In this case, you're ousting a corrupt member of Congress, and doing your community an immense and highly-essential service. The main point of Holiday's book and his disclosing of his deceptive techniques was to help consumers and reporters alike become smarter and learn to recognize corporate spin. Ideally, you won't need to manipulate the media any longer after ending your Congressman's career.

In the final section, I'll explain how to use tried-and-true political organizing techniques to turn out the vote against your Congressman, ensuring his or her defeat on Election Day.

PART 3: THE GRASSROOTS MOVEMENT

Getting out the vote against your Congressman is the most important step ousting him or her: if people who oppose your Congressman don't vote, your Congressman wins.

It's important to remember that while get-out-the-vote techniques like phones and doors are the best way to gauge and contact voters, doing so without first building a popular grassroots movement with creative direct action and narrative control, as discussed in sections 1 and 2, will be losing efforts. Ask the Tom Barrett campaign to recall

Scott Walker how just focusing on phones and doors without movement building went for them.

Wisconsin is a perfect example of how to fail at ousting corrupt politicians. Just as was the case in other states during the Tea Party wave of 2010, Wisconsin was swarmed with dark money and negative, divisive advertising aimed at installing corporate-friendly politicians. The challenger, Tom Barrett, was a bland candidate – an old white politician in a red tie – and didn't engage the passions of his base with populist messaging like Scott Walker did.

Immediately, Walker and his legislature began working on an agenda of passing bills that were drafted by corporate lobbyists behind closed doors that concentrated wealth into fewer hands by crushing workers' unions, taking away healthcare for the poor, cutting the taxes of their campaign donors while raising taxes on working people, and restricting voting rights to make it easier for them to win re-election after angering their constituents.

A legitimate, fired-up grassroots movement rose up in Wisconsin and brought hundreds of thousands of people out to the state capitol in the worst weather imaginable. Wisconsin's government had seemingly bitten off more than they could chew, and through their actions, they captured the attention of the electorate.

Eventually, Democratic Party bosses and hacks began walking the capitol, telling protesters to leave the capitol and sign the recall petition. And so, during the coldest months of the year, during Packers season, Wisconsinites went door-to-door, collecting not only the required amount of signatures to trigger a recall election, but outdoing the requirement by several hundred thousand signatures.

With a recall election in the works, all Wisconsin's Democrat bosses had to do was engage the grassroots movement and motivate them to vote. A savvy social media strategy focusing on pointed attacks on the Walker administration, strategically-placed flyers on the street, op-eds published in local papers, spectacles in the streets and 50-foot banners, and a populist message of getting rid of corrupt politicians doing the bidding of their campaign donors would have resonated well and ignited the base in time for the June recall election.

Instead, Democrat party hacks ran the exact same bland, white, aging politician in a red tie who lost to Walker just two years before, ignored the messaging raised by the grassroots movement that occupied the state capitol, and focused exclusively on running TV ads to counter Walker's TV ads. Instead of taking the side of angry Wisconsinites calling out corruption and cronyism, Barrett's message was flimsy and weak – he outright told unions that he wouldn't be their "best friend" if he won, despite Walker's attacks on unions galvanizing the original occupation of the state capitol. Tom Barrett wasn't an exciting candidate for young people, populist rural voters, or anyone not squarely in line with the establishment.

Because Walker had 8 times as much money to spend, Barrett's TV ad messaging was drowned out in the cacophony. The effort put into turning out people to vote focused heavily on calling phones and knocking doors, and was extremely successful in turning out urban voters. However, almost no effort was spent reaching voters outside of Milwaukee and Madison, meaning Barrett's campaign had already adopted a losing attitude and conceded most of the state before even trying.

However, ousting your congressman will be much easier than ousting a governor, since you're only focusing in a few communities instead of a whole state. After you've spent enough time exciting people around the district with spectacle, branding, and strategic media placement, your efforts to turn out the vote should come easy with proper targeting and canvassing. At the end of this section, I've included a how-to guide for an effective canvass.

I. STRATEGIC MAPPING

First, find city-by-city results for the most recent year your Congressman was elected, and study them to find out where your Congressman won heavily, where his/her opponent won heavily, and swing areas where the election was decided within a 5 to 7-point margin.

Coordinate efforts in these counties by classifying them as 1 through 5 -- 1 being very favorable to your Congressman's opponent, and 5 being very favorable to the Congressman you're trying to oust. The battle for the vote will most likely boil down to your district's largest population center, so winning there will be especially crucial.

In New Hampshire's 1st district, Congressman Frank Guinta lost most of the towns we classified as 1 on the notably liberal seacoast region by a good 10 points, even in the Republican-wave election of 2010.

Guinta won handily in smaller, more rural towns that surrounded the major population centers. We classified these towns as 5. And in Manchester, the largest population center, as well as swing towns, we broke cities down ward-by-ward on our map and rated each ward with a 1-5 rating, so our efforts to contact voters and gauge their opinions would be that much more effective.

Two essential tools are VAN, or Voter Activation Network, and Votebuilder. If the opposing campaign is worth their salt, they will have invested the funds to get these tools. With VAN and Votebuilder, you can get lists of registered voters with addresses and phone numbers classified by party affiliation, age, gender, whether or not they vote in primaries, and when they last voted. The next step is contacting these voters, first by phone and then face-to-face.

II. PHONEBANKING

If your effort is aligned with an independent expenditure group like the CREDO SuperPAC in 2012, get the funds to purchase these tools and start identifying and calling voters. Election law forbids anyone working for an independent expenditure group from affiliating in any way with a candidate's campaign.

If, however, your campaign to unseat your Congressman or legislator is an unfunded effort with no FEC filing, volunteer on the campaign running against your Congressman to make phone calls across the district. Ask for call lists in swing towns, and swing wards in big cities. For the best impact, call between 5 PM and 9 PM. Calling before then will most likely get you a voicemail message, which you shouldn't waste your time with, and calling after is more likely to anger a voter for being called by a stranger so late in the day.

While the opposing campaign will most likely have a script ready, your calls should be brief, since most folks are averse to being surveyed by strangers. When they answer, tell them your name and the effort you're representing. If it's the opposing campaign, say so. If it's your own effort, name it "Voters Against (your Congressman's name)."

Every time you pause, you allow room for the voter you're calling to say, "Sorry, not interested" and hang up. So before you give the voter time to respond, just ask, "In the upcoming election, are you more likely to vote for (your Congressman's name) or (your Congressman's opponent's name)?" Preface each name with their party affiliation. Our calls to voters in New Hampshire's first district went like this:

VOTER. Hello?

VOLUNTEER. Hi, I'm (first name) with Voters Against Frank Guinta. Quick question: if the election were held tomorrow, would you be more likely to vote for Republican Frank Guinta or Democrat Carol Shea-Porter?

No matter if the voter said, "Guinta," or "Shea-Porter," we would then ask, "Do you feel strongly about that?" If they said yes, we would thank them for their time, and write a number next to the voter's name on the call sheet. Just as you're rating towns 1-5, you want to classify voters as 1-5 as well.

However, if the voter said, "I'm not sure," we would give facts about the Congressman's record. This is your chance to give them shortened talking points tailored to the voter's age, gender or economic status. If you can't fit your talking point into a tweet, it's too long.

- -For people over 65, we would tell them Guinta voted for a budget that would turn Medicare into a cheap coupon for private insurance and hand our Social Security money to Wall Street.
- -For younger voters who may have children, we would tell them Guinta voted for a budget that would kick 200,000 kids off of school lunch to keep taxes low for millionaires.

- -For women, we would tell them Guinta voted to deny free breast cancer screenings to impoverished women, or that he voted against the original Violence Against Women Act. We'd always end the call by reminding voters when election day was, and to make sure to register.

After gauging voters by phone, it's time to knock on doors and talk to the people whose votes will decide your Congressman's fate face-to-face.

III. CANVASSING

With your handy voter information you've obtained from VAN and Votebuilder, along with the data you've acquired from all of your phone calls, concentrate your efforts on the doors in swing towns in your district, and swing wards in your district's largest population center. Accomplishing this task will require a large, dedicated base of volunteers. Recruiting them is the first step, but keeping volunteers engaged is just as important.

No matter if you're hosting your own phonebank or organizing your own canvass, entice your volunteers to show up and stick around to make calls by offering free food and drinks. If you have the funds available, buy some tickets for a concert or a professional sports event and offer them to the volunteer who makes the most phone calls or knocks on the most doors that week. Make sure the winning volunteers get recognized publicly, both on a "Wall of Fame" displayed in your campaign headquarters and with a picture of them receiving the gift displayed and shared on your social media platforms.

In our effort to defeat Frank Guinta, we once offered free Boston Red Sox tickets to the volunteer who made the most calls. Because the Red Sox are so popular in New Hampshire, we had several volunteers who made hundreds of calls that week. You can also drive your volunteers to succeed by putting up milestones on the board for 1,000 phones or doors, followed by 5,000, followed by 10,000, and so on. Our efforts against Guinta resulted in over 10,000 doors knocked and tens of thousands of phone calls.

Canvassing will become even more important in the last two weeks before the election. You should always remember to arm your volunteers with the data for each voter address, including age, gender, party affiliation, and whether or not they voted in the previous election. Make sure your volunteers also get plenty of literature with information about your Congressman's deplorable voting record to leave on the doorknobs (NOT mailboxes) of voters who aren't home. If you see literature left by your Congressman's campaign on a voter's door, replace it with your own. Pocket the literature instead of throwing it away.

If the person at that address is a repeat voter, thank them for participating in Democracy after introducing yourself. If that person is a first-time voter, remind them that this election will be very close, and that every single vote cast could be the one that makes the difference.

Follow up with asking them if you can count on their vote against your Congressman. And just like on the phone, if they're undecided, hand them your literature and give them a talking point that relates to their age, gender or economic status. Before you leave, ask the person answering the door if they know their polling place, and remind them of the time the polls open and close.

If you ask them whether they plan on walking, driving or getting a ride from a friend, it makes them formulate a plan in their head for how they'll be getting out to vote on Election Day, making them more likely to do so. Thank the voter for their time, and rate them 1-5 just as you've done on the phone. Make sure data from your canvass is given to those who manage the data back at your campaign headquarters.

While lawn signs are considered taboo by lots of campaign hacks, signs in the case of ousting a Congressman or legislator can be very effective if placed correctly. If you have extra funds to spare, order 500 to 1,000 signs that have your Congressman or legislator's name in block letters, and a circle with a line through it over their name. If you've been spending the last six months branding your Congressman, these will be visual representations of that brand.

In the last two weeks before Election Day, place these signs at major intersections in town, and make sure the land where you're posting your signs is public. Use all of your signs, and make sure none of them go to waste. If you have more signs left over after finding the most visible intersections, save the signs for the day before Election

Day, and line sidewalks with your signs in swing neighborhoods, closest to the polling place.

On Election Day, arm volunteers with cameras and have them record the counting of the votes. Livestream the counting if possible, to ensure transparency and accountability. If possible, have a team of legal professionals ready to challenge the results if the vote count was incomplete or mishandled. Poll watchers can be present at any voting location, as long as they don't talk to voters, wear campaign swag, or hand out flyers.

If you've followed steps 1 through 3, your Congressman or state legislator should be on their way to the unemployment office by the first Wednesday in November.

HOW TO COORDINATE AN EFFECTIVE CANVAS

What you need

- -20 to 25 volunteers with free time on weeknights and weekends

- -A clipboard for each volunteer

- -3 to 5 people at your campaign headquarters

- -Voter Activation Network (NGP VAN) and Votebuilder database software

- -A central meeting location

- -3 to 5 vehicles

- -100 to 200 flyers of campaign literature

- -Maps of neighborhoods in which you'll be canvassing

- -1 set of highlighters

- -1 set of pens

- -1 ball of string

- -2 to 3 coolers full of water bottles

A: Use VAN and Votebuilder to pull up data about the city and ward in which you'll be canvassing. Be sure to get name, address, the number of people at the residence, genders and ages of residents, and the last time those residents voted. There should be spaces include for volunteers to mark off whether the house is a 1 through 5. This is the information your data handlers will need to put in the database.

B: Print off one set of data sheets on voters in your targeted ward for each volunteer on the canvass. Attach them to a clipboard, along with a map of the neighborhood. Use a highlighter to designate which part of that particular neighborhood the canvasser is responsible for. Use the string to attach a pen to the clipboard.

C: Once your voter data, neighborhood maps and pens are all attached to your clipboards, designate a central meeting location for all of your canvassers to meet before and after the canvass. This is ideally a restaurant or a bar, as your volunteer canvassers will need and deserve a meal and a drink after hitting the pavement.

D: Assign a team of canvassers for each neighborhood, and send them out in each of the vehicles. The drivers of your vehicles will be responsible for the canvassers' transportation and safety while knocking doors, and will need to keep extra pens, maps, and voter data at the ready, along with plenty of water to keep canvassers hydrated. Allow 2 to 3 hours for the canvassers to reach all of their doors.

E: Your canvassers need to ask if a person has decided on who they're voting for, if they feel strongly about their choice if they've already decided, and hand out literature for those who are still unsure. After their conversation, they should mark the voter 1-5.

F: Once the canvass is complete, each volunteer should give the clipboards and completed voter data sheets back to the canvass director. The canvass director will then give the voter data sheets back to the data team at your campaign headquarters, who will enter the new data gained in each particular ward into the database.

The Take Down Frank Guinta campaign began in March of 2012, and against all odds, Frank Guinta was defeated on November 6, 2012, despite having the clear money advantage. The small amount of funds from the CREDO SuperPAC paid for two full-time organizers and a full-time campaign director. The rest of the dozens of people who helped out were volunteers focused on ending

Guinta's career, and money spent on canvasses, banners, and other expenses came from our own pockets.

Ousting an established incumbent isn't impossible, and it doesn't require throwing millions of dollars into TV advertising. All it takes is a determined crew of people who believe they can win.

Cómo Expulsar a un Congresista
Por Carl Gibson

Tabla de Contenido

☐

INTRODUCCIÓN

Este libro se basa en una serie de 3 artículos que yo escribí para
Occupy.com, poco después de las elecciones de 2012. Mientras que
el texto de estos tres artículos se incluye aquí, este libro electrónico
contiene guías adicionales que quedaron fuera de los artículos.
Algunas de las mejores personas que he conocido trabajando en la

campaña *Take Down Frank Guinta* (*Expulsar a Frank Guinta)*, y merecen una mención aquí.

A Vince Greco, un organizador de *Take Down Guinta*, se le ocurrió la idea de conseguir 100 voluntarios a decir que sí a fin de obtener 50 personas a venor a un evento beisbolero. Él lo llamó "Las matemáticas del organizador." Vince y yo también colgamos volantes en todo el centro de Manchester, y trabajamos juntos en varias banderas de 50 pies de largo.

Phil Cassista y su esposa, Sue, son dos músicos talentosos que viven en Raymond, Nueva Hampshire, que tocaba el banjo y violín, respectivamente, en su canción bluegrass sobre la cuenta secreta de Frank Guinta. Sue también tocó el violín mientras que quemamos recortes de madera de New Hampshire en el fondo para un vídeo en Youtube de *Take Down Guinta*.

Jack Cochrane tuvo la amabilidad de volver a vivir la experiencia dolorosa de perder su trabajo, ver a su hija mudarse fuera, no poder encontrar un nuevo trabajo, y ser defraudado y mentido por su miembro del Congreso, todo por un vídeo en Youtube de *Take Down Guinta*. Gracias a la ayuda de Jack, distribuimos un vídeo que tuvo un fuerte impacto en la campaña, y nos dieron un montón de tracción en los medios.

Taylor Coots, director de campaña de *Take Down Guinta* de CREDO SuperPAC, coordinó phonebanking operaciones de pedir votos en los últimos meses de esfuerzo. Gracias al trabajo de Taylor, que llamó a miles de hogares y a las tantas puertas, alcanzamos suficientes votantes para desbancar Guinta. Coots es también un compañero de Kentucky, así que tengo que quitarme el sombrero ante él.

Becky Bond, jefe de operaciones y coordinador político del CREDO SuperPAC de CREDO Mobile, vino un fin de semana a Portsmouth, New Hampshire a finales de septiembre para pedir votos, a pesar de ser el responsable de las campañas en diez distritos diferentes en todo el país. Gracias a los esfuerzos de Becky, el CREDO SuperPAC expulsó no sólo a Frank Guinta en Nueva Hampshire, sino también a

Allen West en Florida, a Joe Walsh en Illinois, a Chip Cravaack en Minnesota, y a Dan Lundgren en California. CREDO incluso dio a Michelle Bachmann un susto en Minnesota, casi alcanzando poner fin a su carrera por sólo 400 votos.

También tengo que agradecer los esfuerzos de voluntarios de la campaña: Mark Provost, Matt Lawrence, Paul Brochu, Nikki Casey, Lia Casey, Diane Raymond, y muchos otros. Estos voluntarios ayudaron con todo, desde la difusión en los medios sociales, hacer nuestras banderas de 50 pies de largo, reclutar a otros voluntarios, la publicación de folletos, llamar teléfonos, tocar puertas, hacer carteles, y otras tareas cruciales. No habríamos ganado sin ellos.

Y sería negligente si no diera un gracias a Mattie Gilmartin, mi casera en Manchester, y su hijo, Brendan, por ser tan hospitalarios con todos los amigos y voluntarios que traje a la casa, que renunciaron a sofás para que podían pasar la noche, y para Mattie especialmente para permitirme estar a última hora del alquiler cuando pasé mi dinero en materiales de banderas de decisiones y de gas para impulsar voluntarios en todo el estado.

¿Aún estás leyendo? Bueno. Las siguientes 30 páginas incluirán todo lo necesario para poner fin a la carrera de tu congresista o senador menos favorito. Si usted tiene más preguntas después de leer esto, envíame un tweet a @uncutCG.

Parte 1: Acción Directa

El congresista republicano Frank Guinta, ex alcalde de Manchester, New Hampshire, no tenía expectativas de perder su candidatura a la reelección en el verano de 2012.

Él le ganaba en las encuestas a su oponente prospectivo, Carol Shea-Porter, a quien derrotó fácilmente en la ola republicana de 2010. Él tenía una clara ventaja en la recaudación de fondos y el apoyo de los medios de comunicación de su distrito. Pero el 6 de noviembre, los mandantes de Guinta no podían esperar para votarle fuera de la oficina. Él terminó perdiendo a Shea-Porter por 4 puntos después de vencer a ella en 2010 por 12 puntos - una oscilación de 16 puntos en sólo dos años.

Y aquí está la historia de cómo sucedió esta campaña para desbancar a un extremista de la derecha:

Entre abril y noviembre de 2012 en Manchester, un pequeño grupo heterogéneo de activistas del movimiento *Occupy Wall Street* (*Ocupar Wall Street*) se unieron con la organización de CREDO SuperPAC, con su financiación y personal muy básicos, y durante siete meses utilizaron una combinación de acción directa, el control de la narrativa e técnicas de organización política de probada calidad para construir un movimiento que convirtió el nombre de un miembro del Congreso antes popular en una marca tóxica que hasta sus partidarios se mostraban reacios a abrazar.

En tres secciones, voy a explicar la forma en que lo hicimos y diseñar un plan para que otros puedan hacer esto en su comunidad local, a sus propios congresistas, en el año 2014. Este modelo también puede funcionar para los legisladores estatales que incumben dentro de sus propios distritos, y incluso contra los Demócratas bien establecidos y financiados del Congreso en las primarias.

Es importante recordar que esto no es ni debe ser entendido como la campaña "negativa": se trata de una campaña de responsabilidad. No estamos hablando de la excavación de la suciedad en la vida personal de nadie, ni entrevistar a las amantes en la televisión ni gastar millones en anuncios de ataque. Todo lo que queremos hacer es ayudar a construir un movimiento que sostiene nuestros congresistas locales y legisladores estatales responsables de los registros de votación cuando esos registros muestran deferencia abrumador para los donantes y los intereses especiales, en lugar de los intereses de los ciudadanos que los eligen.

PARTE 1: ACCIÓN DIRECTA

Su congresista, como funcionario electo que sirve a nivel federal, atraerá atención en las noticias dondequiera que vaya él o ella, haga lo que haga. Una acción directa exitosa desviará la narrativa de la actividad del congresista a su acción, girando la narrativa en su contra. Las mejores acciones directas son una trifecta de espectáculo, humor y inteligencia, a través de un tema general que une todos los elementos. Una acción que falta de alguno de estos tres cosas probablemente será ignorado o despedido por los medios que usted intenta capturar.

A: Espectáculo

Algo que llama la atención, que hace a la gente dejar de hacer lo que están haciendo y mirar, es lo mejor. Incluso si no hay muchas personas presente a llevar a cabo el trabajo, o si no tiene mucho dinero para gastar en decorados y accesorios, es necesario crear suficiente espectáculo para comandar la atención de cualquier persona en la vecindad.

Su espectáculo debe ser desenfadado para conseguir apoyo y diversión, de las transeúntes neutrales mientras que todavía sea memorable y visible con el mensaje. Cualquier organizador de acción directa debe reconocer la delgada línea entre ser demasiado serio - hasta el punto de la repugnar a la gente que quiere escuchar a usted - y tener un gran tiempo con grandes decorados que tal vez no comunican eficazmente sus mensajes lo mejor posible.

En agosto, una aparición pública de Guinta fue en una fábrica química en Merrimack, NH, lo cual está sólidamente conservador y favorable a Guinta. El evento tomó lugar en el día, en medio de la semana, por lo cual nuestra participación de voluntarios fue limitada. Los cinco activistas trajeron un cartel de 50 pies hecho de valla de ciervoss que decía: "DESPIDE A FRANK GUINTA 6 DE NOVIEMBRE"

Llevamos el cartel a la carretera principal al lado de la fábrica química. Incluso con sólo cinco voluntarios, nuestra señal era muy visible y llamó la atención de todos los coches que pasaban, incitando conductores a reaccionar ya sea con un pulgar hacia arriba, un bocinazo o un dedo medio. Usted puede ver una foto de la acción aquí. Al final de este capítulo, voy a explicar paso a paso cómo hacer una altamente visible cartera de 50 pies de largo que se convertirá en la comidilla de la ciudad y de los medios de comunicación cuando usted la toma de vuelta para sus visibilidades.

B: Humor

Su mensaje no llegará a las personas que más necesitan escucharlo a menos que si se lo comunique de una manera humorística. Es por eso que muchas más personas ven Jon Stewart en lugar de Brian Williams. Todas sus acciones directas deben tener un tema humorístico que permita a sus voluntarios y colaboradores divertirse a costa de su congresista.

En un caso, Frank Guinta celebró una recaudación de fondos en un partido de béisbol de finales de julio, que se convirtió en una plataforma para una acción directa de todo el día. Nos enteramos del evento varias semanas antes cuando un organizador recibió un volante promoviendo la recaudación de fondos de parte de un empleado de Guinta. Para prepararnos, no sólo llamamos a todos los voluntarios que conocíamos, sino también recogimos accesorios y disfraces para nuestro evento beisbolero. Vince, un organizador con *CREDO Superpac*, hizo una lista en la pared de cada voluntario que sabíamos y de los potenciales voluntarios, con el objetivo de que 100 de ellos se comprometieran a venir al evento, esperando a 50 en realidad. Hice otro signo con valla de ciervoss/Tyvek que decía "GUINTA = POLÍTICO MÁS VIL." También estábamos entregando el premio "Político Más Vulnerable" a Guinta, cara a cara.

Vince consiguió sus 100 voluntarios confirmados, y como se esperaba, resultamos siendo más de 50 personas en nuestra acción. Agarramos a bates de niños y llevabamos gorras de béisbol y gafas de sol, balanceando y ponchando para los transeúntes, gritando algunas de los peores votos de Guinta mientras girabamos. Una imagen que se difundió en los medios de comunicación social fue una voluntaria con un cartel en la temática del béisbol que se anuncia atroz historial de Guinta en temas de mujeres. Incluso contratamos a un DJ local para reproducir música junto a la acción, poniendo a todos de buen humor. El resultado: informamos y entretuvimos a la multitud antes de entrar en el juego, y dimos a los que no conocían a Guinta una mala primera impresión de la congresista.

C: Inteligencia

Recuerde: estos son muy, muy malos legisladores las que usted dirige. Ellos votan sistemáticamente en contra de los intereses de los veteranos desempleados, las mujeres y hasta los 280,000 niños en los programas de almuerzos escolares, todo para preservar los bajos impuestos para los millonarios. Ellos reciben cientos de miles de donaciones de campaña de las grandes corporaciones y, a continuación, votan en su nombre contra los mejores intereses de sus electores. El hacerse responsable de sus actos y de su atroz historial es toda la razón de nuestra acción directa. La inteligencia se define aquí como tanto la comunicación efectiva de su mensaje, junto con la adquisición de conocimientos de las próximas apariciones de su objetivo para mantenerse un paso por delante del juego y siempre estar en la cola donde quiera que vayan.

Nuestro grupo se enteró de otra próxima recaudación de fondos de Guinta por casualidad, cuando infiltramos un foro *Mujeres Republicanas de Seacoast* en Dover, NH, y ganamos la inteligencia actuando como republicanos y cotorreando con los asistentes. Aprendimos que el Guinta mismo no estaría allí, así que utilizamos esta información para plantar semillas anti-Guinta entre los asistentes sólo una semana antes de la primaria (uno de los asistentes, el ex presidente del Partido Republicano en New Hampshire, escribió más tarde este artículo de opinión menospreciado sobre Guinta justo antes de la primaria.) Una mesa en el interior del evento fue cargado con volantes, uno de los cuales anunciaban un evento social de helado que costaba 20 dólares para entrar y contaba con el ex gobernador republicano de Minnesota Tim Pawlenty. El nombre de Guinta no estaba en el programa, pero su oficina de campaña se encuentra a sólo una cuadra de la recaudación de fondos, así que era seguro asumir que él estaría allí. Tuvimos tres días para actuar.

Habíamos estado creando *memes* de Internet ampliamente compartidos que pintaba a Guinta como el Hombre de Dos Equis, diciendo cosas poco halagadoras acerca de su historial. En Manchester, un bar / restaurante local propiedad de un partidario Occupy tenía una figura de cartón del hombre Dos Equis, que pedimos prestar como apoyo para la acción. Nosotros imprimimos un retrato de Guinta, cortamos la cara y lo pegamos en el rostro del hombre Dos Equis. Luego cortamos un trozo de cartón que parecía un saco de dinero y pintamos un signo de dólar verde sobre el mismo antes de pegarlo por encima de la botella de Dos Equis que llevaba el hombre. Con ello se pretendía simbolizar la investigación en curso de la Comisión Federal de Elecciones (FEC) de Guinta que se trataba de $355.000 en donaciones de campaña de paradero desconocido . Entonces hicimos dos burbujas de palabras: uno de los cuales decía "NO SIEMPRE HABLO A LA FEC SOBRE MIS CUENTAS SECRETAS ", y otro que decía: " PERO CUANDO LO HAGO, NO LO HAGO." Luego, posamos para una foto con nuestra recorte Guinta , compartí en los medios sociales , y observamos que se compartía en toda nuestra red. Terminamos con 40 personas en nuestra acción.

Guinta terminó cancelando la recaudación de fondos, ya que había más manifestantes que donantes actuales presentes. La mejor parte era ver a sus donantes y colaboradores en coche llegar y decirles a todos que el evento había sido cancelado. Un reportero del *Examiner* documentó la acción y nuestro mensaje aquí.

La siguiente parte de esta serie hablará de cómo controlar la narrativa de los medios y abrumar a la conversación política del distrito con su mensaje utilizando medios tradicionales y sociales, poniendo a su oponente a la defensiva frente a la comunidad.

CÓMO HACER UNA BANDERA DE 50 PIES DE LARGO

Lo que usted necesita:

1. 1 rollo de 50 metros de valla de ciervoss (de una tienda del hogar). Obtenga el tipo un poco más caro de plástico, en lugar de la versión de malla endeble. Valla de ciervos de plástico puede ser reutilizado de nuevo, mientras que la de malla es de un solo uso.

2. 1 rollo de lamina bajocubierta 'Tyvek'. El Tyvek es un gasto importante, entre $80 y $90, pero un rollo le durará toda la campaña y se puede utilizar para múltiples señales. A lo largo del curso de la campaña anti-Guinta, hicimos más o menos diez diferentes pancartas con mensajes diferentes.

3. 1 paquete de marcadores Magic Marker®

4. 1 pluma

5. 1 par de tijeras fuertes

6. 2 bolsas de bridas de plástico de tamaño industrial (100 bridas por bolsa)

7. 2 latas de pintura en aerosol de color naranja fluorescente

8. 1 estacionamiento de grava, o un amigo dispuesto con un gran patio o lote

9. 2 grandes rocas o sillas plegables

A.   Primero, desenrolle su Tyvek por unos seis metros. Desenrolle también una parte de su valla de ciervos, para referencia de tamaño. Esto está hecho idealmente fuera o dentro de una habitación muy grande, como un sótano o en un gimnasio.

B.   Resuma las letras de molde en el Tyvek con el Magic Marker® negro. Idealmente, usted debe escribir el mensaje que desee antes de tiempo en un pedazo de papel, y contar cuántos de cada letra tendrás que cortar para el mensaje. Las más visibles banderas de valla de ciervos son no más de 25 a 28 caracteres de largo. Por ejemplo, DESPIDE A FRANK GUINTA EL 06 DE NOVIEMBRE es de 41 caracteres, incluyendo espacios. Asegúrese de que sus cartas no son más altos que la valla de ciervos permita.

C.   Recorta tus letras de molde descritos con tijeras. Apilar en orden, asegurándose de tener la primera letra de la primera palabra en la parte superior de la pila para hacer más fácil la construcción de la bandera.

D.   Use un lápiz para hacer agujeros en la esquina de cada letra. Errar en el lado de más agujeros que menos - estos agujeros también deben ser alrededor de dos pulgadas de distancia de la frontera para evitar que se rompa una vez fijados a la bandera.

E.   Después de hacer todos sus agujeros en cada letra, desenrolle toda la valla de ciervos y diseñe sus cartas con el fin de asegurarse de que su mensaje se adapte a los 50 pies de espacio que usted tiene para trabajar.

F.   Inserte las ataduras de cables a través de los agujeros que ha creado en sus cartas, y sujetarlos a la valla de ciervos. Fijarlo firmemente bastante para mantener la carta en el banner y sin ondear al viento, pero no tanto que la Tyvek rasgue contra la presión.

G.   Use las tijeras para cortar los extremos fuera de las ataduras de cables. Ahora se puede enrollar su valla de ciervos, con su mensaje adjunto, e introducirlo en el maletero de un coche sin que el mensaje se mueva en absoluto.

H.   Traiga su valla de ciervos a un estacionamiento de grava o al patio trasero o lote de su amigo dispuesto. Desenrolle todo el camino, y ponga una piedra en cada extremo para evitar que se pliegue hacia arriba, o utilice las patas de las sillas plegables para mantener la valla. Rocíe cada carta con su pintura naranja, asegurándose de cubrir todas las piezas blancas. La distancia de pulverización ideal es cerca de 8 pulgadas de la carta para una máxima cobertura y concentración. Mueva su muñeca de izquierda a derecha en un movimiento rápido para obtener el máximo rendimiento de sus latas de pintura en aerosol.

I.   Permita que su pintura se seque durante 45 a 60 minutos.

J.   Su bandera de 50 pies está lista! Llévela a un lugar visible durante la mañana o la tarde en hora punta, y traer por lo menos a 4 amigos, cada uno de ustedes de pie separados por diez pies de distancia.

PARTE 2: CONTROL NARRATIVA

En esta sección, voy a hablar de cómo controlar la conversación política y la narrativa mediática de su distrito electoral, poniendo sus representantes en posición de defensa sobre su registro. El cumplimiento de este objetivo requerirá una combinación de branding, conocimiento de las redes sociales, y la voz del pueblo.

1. Branding
El objetivo principal del control de la narrativa, en este caso, es transformar el nombre de su diputado en una marca tóxico con la cual nadie quiere asociarse.

Al llegar el día de las elecciones, usted desea que esta marca sea tan poderosa que la gente lo asocie con una causa perdida. Porque nadie quiere hinchar para el equipo perdedor. El establecimiento de una marca negativa en torno a su nombre del congresista sólo será más eficaz cuanto más lo haces, y cuanto más nos acercamos al día de las elecciones.

Una manera eficaz de dar forma a la marca de un congresista es con la acción directa creativa, tal como se describe en el post anterior. Pero la marca se realiza mejor a través del uso constante de imágenes memorables, lemas pegadizos, y las asociaciones con su historial de votos deplorable.

Durante junio y julio de 2012, yo y un compañero organizador señalamos las aceras muy transitadas en Manchester e imprimimos cientos de volantes que decían "DESPIDE A FRANK 06 DE NOVIEMBRE", con un panorama poco halagüeño de Guinta. Después pasamos varias semanas colgando, estratégicamente, los volantes en los postes telefónicos y los muros públicos alrededor de estas vías muy transitadas, donde sabíamos que la gente estaba caminando al trabajo y de vuelta.

Después de tres Jueves seguidas de empapelar, mi amigo y yo estábamos tomando una copa en un bar local cuando nos encontramos en una conversación con un par de votantes indecisos sentados al lado de nosotros. Mencionamos el nombre de Frank Guinta, y los otros clientes del bar mencionaron ver los volantes alrededor de la ciudad con su nombre y su rostro en ellos.

"Me acuerdo de ellos! Ellos dijeron, Despide a Frank' o algo así ", uno de los clientes del bar me dijo. "Me pregunto quién puso los de arriba?"

Mi amigo y yo nos sonreímos uno al otro. "No estoy seguro, pero me imagino que ese tipo no sea muy popular en esta ciudad", le dije.

"Despide a Frank" se convirtió en nuestra marca, ya que era fácil de recordar y transmitió el mensaje. En los próximos meses, esta frase se encontró en banderas de 50 pies en acciones directas, cartas-al-editor de varias revistas y artículos de opinión en los periódicos locales de todo el distrito, los testimonios en video que grabamos, y el nombre de nuestros esfuerzos en las redes sociales.

B. Redes Sociales

Como la mayoría de nosotros sabemos, los medios tradicionales son cada vez más una cosa del pasado. Si bien todavía existen los periódicos, la radio y la TV y sirven como fuente primaria de información para mucha gente aún, todas esas fuentes de los medios ahora siguen el ejemplo de lo que tenga tendencias en las redes sociales.

Ryan Holiday, autor de "Confía en Mí, Estoy Mintiendo", escribió todo sobre la forma de manipular el ciclo de noticias de los medios tradicionales por saber controlar la conversación en la blogosfera. El mensaje simple de él es el siguiente: si las redes sociales se están produciendo, en repetidas ocasiones, mensajes que atraen muchas *likes*, *shares* y *retweets*, los medios tradicionales se enteran y la reflejan en su cobertura. Al final de esta sección, he incluido un guía sobre el control de la narrativa con los medios locales y nacionales y el uso de técnicas de Holiday.

Una vez que haya establecido su marca, el esfuerzo por derrocar a su congresista debe estar vivo y bien en las redes sociales, con mensajes coherentes que promuevan su marca y ayudar a que sea viral. Use Twitter para publicar hechos poco halagadores sobre su expediente del Congresista cada pocas horas, y asegúrese de usar enlaces (acortados con bit.ly o TinyURL) para respaldar lo que usted dice, mencionando las cuentas oficiales de su congresista lo más posible.

Siga todas las estaciones locales de televisión, estaciones de radio y periódicos en Twitter con la cuenta de su marca, y el mayor número de periodistas políticos locales posibles. Supervise sus tweets para ver si van a estar cubriendo eventos donde su congresista estará. Luego, reúne algunos amigos y algunos materiales para sostener una acción directa que desviará la atención lejos de los medios de comunicación el congresista y hacia usted y su grupo.

Sus publicaciones en Facebook pueden ser un poco más largos y más descriptivos, y la publicación de las imágenes y las fotos asegurará que tus mensajes reciban más *likes* y *shares*. Asegúrese de agregar todos sus voluntarios y otros miembros de la comunidad como amigos, y mencionarlas en los comentarios utilizando el símbolo @ cuando quieras que compartan algo que hayas publicado.

Ponga especial énfasis en sus amigos que son grandes usuarios con redes extensas. Usted puede incluso hacer un grupo en el que todos estos grandes usuarios con vastas redes son los creadores de contenido, para que puedan hacer una mayor parte de la publicación y el intercambio para usted. Si usted o alguien que usted conoce tiene capacidad de hacer *memes* o *gifs animados* - y si se puede hacer que estos *gifs* relacionen al menos tangencialmente a su congresista, su historial de votación, o su marca - empiece una página de Tumblr que cuenta con estos *memes* y *gifs animados* y compártelas ampliamente.

Un *meme* divertido y memorable es esencial para el éxito viral en las redes sociales. En Nueva Hampshire, hicimos una serie de *memes* populares que tenían el rostro de Guinta fotoshopeado sobre la cara del hombre de Dos Equis, utilizando livememe.com para la fuente y el texto. Cada *meme* haría referencia al historial de votación de

Guinta, o a noticias humorísticas y embarazosas sobre Guinta, con un enlace incluido en la descripción.

Cuando su foto, nombre y enlace están empacados cuidadosamente, van a extender como un reguero de pólvora. Algunos de los mejores *memes* que hicimos de Guinta eran burlándose de su investigación federal sobre $355.000 en fondos de campaña en paradero desconocido, y uno que parodió la participación de Guinta en una pelea en el bar de Manchester cuando era alcalde de la ciudad.

Después de crear estos memes, los compartimos en la página de Facebook de *Despida a Frank el 06 de Noviembre*, Twitter y Tumblr, donde nuestras redes compartieron ampliamente con sus amigos en todo el distrito. Al hacer esto, convertimos a Guinta y su registro en el hazmerreír de todos, sólo sumando la notoriedad de nuestra marca.

C: La Voz del Puelbo

Para realmente reiterar su esfuerzo y hacer que se pegue, usted necesita voluntarios de todo el distrito que están dispuestos a hablar oficialmente en contra del historial de votación de su congresista. Estos voluntarios tienen que ser diversos: tendrá mujeres, estudiantes, trabajadores, profesores, dueños de pequeñas empresas, latinos, ancianos y otros grupos para ampliar su alcance a tantas personas como sea posible. Estos voluntarios deben ser capaces de compartir su propia historia, y cómo se relaciona con su congresista.

Cuando usted tiene sus voluntarios en fila, entrevístelos en video, y asegúrese de que el material tendrá video y audio de alta calidad. Estos videos se deben entonces editar hasta unos dos o tres minutos, terminando con sólo una o dos partes conmovedoras de la entrevista. Publique sus videos en la cuenta de YouTube de su marca, y compartirlas en las plataformas de redes sociales de su marca.

Para llegar a los medios de comunicación tradicionales, escriba cartas al editor de 150 a 200 palabras en la voz de sus voluntarios, obtenga la aprobación de sus voluntarios, y envíelas por correo electrónico al editor de opinión de cada periódico local de su distrito. Estos documentos están hambrientos de contenido y lectores, así que a menos que sean muy sesgada a favor de su miembro del Congreso, van a imprimir al menos la mitad de las piezas que usted envía. Compruebe los siguientes ediciones de esas publicaciones por su carta, vigile la correspondiente sección de las páginas web, y mantenga un archivo de todo lo que imprimen.

En un caso, grabamos un video de un voluntario de New Hampshire llamado Jack hablando de su experiencia en la infructuosa búsqueda de puestos de trabajo después de ser despedido de su último trabajo. Incluso fue a uno de los ayuntamientos de Guinta y le pidió a su congresista si había algo que pudiera hacer para ayudarlo.

Guinta fue captado en video diciendo que no sólo iba a ayudar a Jack, pero a Jack le daría su número de celular, tomaría el currículum de Jack y la enviaría alrededor y recoger personalmente Jack en su casa e ir a buscar trabajo con él. Sin embargo, Guinta nunca siguió adelante con su promesa, y Jack nunca más se supo de Guinta de nuevo, a pesar de los repetidos intentos de ponerse en contacto con sus oficinas del Congreso y de campaña.

Al final Jack perdió su casa, donde su hija también se hospedaba, y se vio obligado a separarse de su unidad familiar. Nuestro video de Jack fue compartida en la página principal de un sitio de blogs progresivo en New Hampshire, y mi blog que resume la historia de Jack fue publicado en el blog de Michael Moore, es decir, la atención negativa a nivel nacional para Guinta.

CÓMO MANEJAR LA CONVERSACIÓN MEDIA UTILIZANDO LAS REDES SOCIALES

Lo que usted necesita:

1. Una lista de correos electrónicos y cuentas de Twitter de bloggers influyentes y reporteros políticos locales en su distrito congresional
2. Una lista de los números de teléfono shows de radio sindicados a la hora de conducir en su distrito
3. Una lista de correos electrónicos y cuentas de Twitter de bloggers influyentes para blogs nacionalmente conocidas como HuffPost, Salón, Gawker, Mashable, Wired, Business Insider, Forbes, etc
4. Una lista de correos electrónicos y cuentas de Twitter de bloggers influyentes para las noticias nacionalmente conocidas como CNN, MSNBC, Politico, Bloomberg, New York Times, Washington Post, etc.
5. Una docena de cuentas ficticias de Gmail, Yahoo y Hotmail con contraseñas escritas en un lugar seguro. Mientras más cuentas ficticias, mejor.
6. Las conexiones a influyentes cuentas de Facebook, Twitter, Tumblr e Instagram amigables con su causa

A.   Crear la cantidad máxima de Gmail, Hotmail y cuentas de correo electrónico de Yahoo que se permiten. Lo ideal es tener alrededor de 3 docenas de cuentas de correo electrónico. Usted nunca recordará las contraseñas, así que escribirlas y almacenarlos de forma segura. Crear cuentas de Twitter para cada una de estas cuentas de correo electrónico. Tómese 5 minutos cada mañana y tarde para twittear desde estas cuentas, o hacer *retweet* a los tweets de otras cuentas que sigues.

B.   Crear un evento de interés periodístico, como una visibilidad con su bandera de 50 pies en uno de los eventos de su congresista, o publicar un artículo de opinión de un miembro de su comunidad con una historia que contar de cómo las políticas del congresista afectaron negativamente a su vida en una revista local.

C.   Utilice una docena de sus cuentas ficticias para ponerse en contacto con los periodistas y blogueros políticos locales, todas ellas aludiendo al hecho que ocurrió o artículo de opinión que se publicó. Mantenga sus correos electrónicos breves, y escríbalas en las voces variadas, sin pensar demasiado en lo que escribe. Haga lo mismo con sus cuentas de Twitter ficticias. Enviar correos electrónicos y tweets en puntos variados durante todo el día, y pedir a los periodistas por qué no se están cubriendo el evento o tratar de ponerse en contacto con el escritor op-ed. Pregunte a cualquier persona que usted sabe que está conectado a cuentas de redes sociales grandes e influyentes para darle un *share* o un *retweet*. Esto demuestra al reportero que la comunidad está prestando atención a este evento, lo que hace el periodista sentirse como que está perdiendo una gran historia.

D.   Cuando el reportero local publica la historia de su evento o sobre la persona que publicó el artículo de opinión, ponga sus cuentas ficticias a trabajar en los bloggers de los sitios web nacionales mencionados anteriormente, trabajándolos de la misma manera que trabajó el periodista local. Aluden al evento o artículo de opinión, la publicación de una foto o un enlace al artículo de opinión, o un enlace a la historia de la periodista local. Dado que es un año electoral, y porque los bloggers son pagados para publicar contenido constantemente, probablemente obtendrá por lo menos una o más respuestas de los bloggers nacionales.

E.   Después de que el blogger nacional escribe sobre su evento o menciona el informe de noticias local / cita el artículo de opinión, ponga a trabajar a sus cuentas ficticias de nuevo, trabajando en los periodistas de los sitios de noticias nacionales. Variate entre las fotos del evento, y asegúrese de vincular a la historia de la bloguera nacional.

Independientemente de si los reporteros políticos de esas publicaciones nacionales decidan o no publicar su artículo, su objetivo debe ser conseguir que el mayor valor de cada evento o artículo de opinión que pinta su congresista como alguien impopular entre sus electores. Con un asalto constante en las calles y en los medios de comunicación, su marca se iniciará a afirmarse sobre la publicidad de su congresista. Cuanto más el nombre de su miembro del Congreso se mencione en notas críticas a su su campaña, más su propia publicidad hará daño a él/ella.

Si usted se siente tentativo sobre la configuración de correo electrónico y cuentas de Twitter ficticias para engañar a los reporteros para que cubran lo que usted quiera, eso es perfectamente normal para cualquier persona con una conciencia. Pero también se debe recordar que su congresista está aceptando sobornos (también conocido como donaciones de campaña) de las corporaciones para cumplir sus órdenes y enriquecerse a sí mismo y a sus amigos a costo de la vida de las personas en su comunidad. También debe ser consciente de que los grupos oscuros de dinero están gastando cantidades demenciales de dinero de donantes no revelados para cubrir la radio y las ondas de televisión
con engañosos mensajes negativos. Si quiere luchar su asalto de los medios y hacer llegar su mensaje a través de la cacofonía, usted debe estar preparado para hacer esto por cualquier medio necesario.

Si desea que su congresista pierda, es esencial aprender cómo los medios deciden qué cubrir. Los medios de comunicación corporativos rara vez cubren nada que pudiera dañar al propietario de la empresa sin la aparición de una inmensa presión pública. Bloggers nacionales suelen copiar y pegar notas de prensa corporativas enviadas por correo electrónico a ellos porque siempre están desesperados para el nuevo contenido. Comprender el valor de las técnicas también debe venir con el entendimiento de que las técnicas de Holiday de manipulación de los medios de comunicación se pueden utilizar para el bien o el mal. En este caso, usted está expulsando un miembro corrupto del Congreso, y haciendo a su comunidad un servicio inmenso y muy esencial. El punto principal del libro de Holiday y su revelación de sus técnicas engañosas era ayudar a los consumidores y periodistas por igual a ser más inteligentes y aprender a reconocer giro empresarial. Idealmente, usted no tendrá que manipular a los medios de comunicación por más tiempo después de terminar la carrera de su congresista.

En la sección final, voy a explicar cómo usar las técnicas de organización política probados y verdaderos para activar el voto en contra de su miembro del Congreso, lo que garantiza su derrota en la jornada electoral.

PARTE 3: EL MOVIMIENTO POPULAR

Acumular votos en contra de su miembro del Congreso es el paso más importante para expulsarle: si las personas que se oponen a su miembro del Congreso no votan, el congresista gana.

Es importante recordar que, si bien las técnicas de acumular votos como los teléfonos y las puertas son la mejor manera de medir y contactarse con los votantes, el hacerlo sin crear primero un movimiento de base popular entre la acción directa creativa y control narrativa, como se explica en las secciones 1 y 2, serán esfuerzos fútiles. Pregunte a la campaña de Tom Barrett para revocar el mandato de Scott Walker cómo sólo centrarse en los teléfonos y las puertas sin la construcción de movimientos les fue para ellos.

Wisconsin es un ejemplo perfecto de cómo fallar en revocar el mandato de los políticos corruptos. Así como fue el caso en otros estados durante la ola de la *Tea Party* de 2010, Wisconsin fue rodeada con el dinero negro y la publicidad negativa, divisiva destinada a la instalación de los políticos favorables a las corporaciones. El retador, Tom Barrett, fue candidato sosa - un viejo político blanco con corbata roja - y no empleó las pasiones de su base con mensajes populistas como hizo Scott Walker.

Inmediatamente, Walker y su legislatura comenzó a trabajar en una agenda de pasar proyectos de ley que fueron escritos por los cabilderos corporativos detrás de puertas cerradas que concentran la riqueza en pocas manos al aplastar los sindicatos de trabajadores, quitar el cuidado de salud para los pobres, reducir los impuestos de sus donantes de campaña, y mientras tanto aumentar los impuestos a los trabajadores, y la restricción de los derechos de voto para que sea más fácil para ellos ganar la reelección después de enojar a sus electores.

Un legítimo movimiento popular se levantó en Wisconsin y llevó a cientos de miles de personas a la capital del estado, en el peor clima imaginable. El gobierno de Wisconsin aparentemente había mordido más de lo que podían, y por medio de sus acciones, capturó la atención del electorado.

Con el tiempo, los jefes y hacks del Partido Demócrata comenzaron a caminar la capital, diciendo a los manifestantes a abandonar la capital y firmar la petición de referendum revocatorio. Y así, durante los meses más fríos del año, durante la temporada de los Packers, los ciudadanos de Wisconsin fueron de puerta en puerta, recogiendo no sólo la cantidad de firmas necesarias para iniciar un referendum revocatorio, sino que superaron el requisito por varios cientos de miles de firmas.

Con una referendum revocatorio en las obras, lo único que tenían que hacer los jefes demócratas de Wisconsin era activar el movimiento popular y motivarlos a votar. Una lista estrategia de redes sociales enfocada en los ataques apuntados sobre la administración Walker, volantes estratégicamente colocado en la calle, artículos de opinión publicados en los periódicos locales, espectáculos en las calles y las banderas de 50 pies, y un mensaje populista de deshacerse de los políticos corruptos que sólo siguen la voluntad de sus donantes de campaña habría sido bien recibida y podría haber encendido la base a tiempo para el referendum revocatorio de junio.

En cambio, los hacks del Partido Demócrata ejecutaron una campaña con el mismo político anodino, blanco, y viejo en corbáta roja que perdió a Walker sólo dos años antes, ignoraron la mensajería planteada por el movimiento popular que ocupó la capital del estado, y se centró exclusivamente en la publicación de anuncios de televisión para contrarrestar los anuncios de televisión de Walker. En lugar de tomar el lado de los ciudadanos de Wisconsin enojados con la corrupción y el amiguismo, el mensaje de Barrett era frágil y débil - que de plano dijo a los sindicatos que no iba a ser su "mejor amigo" en caso de ganar, a pesar de los ataques de Walker contra los sindicatos que galvanizaron la ocupación original del capital del estado. Tom Barrett no era un candidato interesante para los jóvenes, los votantes rurales populistas, o cualquier persona no directamente en línea con el establecimiento.

Debido a que Walker tenía 8 veces más dinero para gastar, los anuncios de televisión de Barrett fueron ahogados en la cacofonía. El esfuerzo puesto en convertir a la gente a votar se centraron en gran medida de llamar a los teléfonos y tocar a las puertas, y tuvo un gran éxito en convertir a los votantes urbanos. Sin embargo, casi ningún esfuerzo se dedicó a llegar a los votantes en las afueras de Milwaukee y Madison, es decir, la campaña de Barrett ya había adoptado una actitud perdedora y concedió la mayor parte del estado antes de siquiera intentarlo.

Sin embargo, expulsar a su congresista será mucho más fácil de eliminar a un gobernador, ya que sólo está centrado en unas pocas comunidades en lugar de todo un estado. Después de que haya pasado el tiempo suficiente en interesar a la gente en todo el distrito con el espectáculo, la marca, y la colocación de los medios de comunicación estratégica, sus esfuerzos para convertir el voto debe venir fácil con la orientación y prospección adecuada. Al final de esta sección, he incluido una guía de instrucciones para un campaña en busca de votos efectiva.

I. MAPEO ESTRATÉGICO

En primer lugar, busque los resultados, ciudad-por-ciudad, para el año más reciente en que su miembro del Congreso fue elegido, y estudiarlos para saber dónde su congresista ganó en gran medida, en donde su / su oponente ganó en gran medida, y las áreas donde la elección se decidió en un margen de 5 a 7 puntos.

Coordine los esfuerzos en estos condados al clasificarlos como de 1 a 5: 1 que es muy favorable para el oponente de su congresista, y 5 es muy favorable a al congresista que está tratando de expulsar. La batalla por el voto más probable se reduce al mayor centro de población de su distrito, por lo que ganar aquí será especialmente crucial.

En el distrito 1 de New Hampshire, el congresista Frank Guinta perdió la mayor parte de las ciudades que clasificamos como 1 en la región costera liberal por unos buenos 10 puntos, incluso en la elección de la onda republicana de 2010.

Guinta ganó fácilmente en las ciudades más pequeñas y zonas rurales que rodeaban a los principales centros de población. Clasificamos estos pueblos como 5. Y en Manchester, el mayor centro de población, igual que en los pueblos indecisos (2, 3 y 4), los clasificamos distrito por distrito en nuestro mapa y cada barrio tenía una calificación de 5 a 1, por lo que nuestros esfuerzos para contactar votantes y medir sus opiniones serían mucho más eficaces.

Dos herramientas esenciales son VAN (*Voter Activation Network)*, y *VoteBuilder*. Si la campaña de oposición es que se precie, se han invertido sus fondos para obtener estas herramientas. Con *VAN* y *VoteBuilder*, puede obtener listas de votantes registrados con direcciones y teléfonos clasificados por afiliación política, edad, sexo, si se vota o no en las elecciones primarias, y la última vez que se votó. El siguiente paso es ponerse en contacto a estos votantes, primero por teléfono y luego cara a cara.

II. LLAMADAS DE TELÉFONO

Si el esfuerzo se alinea con un grupo de gasto independiente como el CREDO Superpac en 2012, consiga los fondos para la compra de estas herramientas y comience a identificar y llamar a los votantes. La ley electoral prohíbe a cualquier persona que trabaje para un grupo de gasto independiente se afilie de cualquier forma con la campaña de un candidato.

Si, sin embargo, su campaña para expulsar a su congresista o legislador es un esfuerzo sin fondos y sin presentación FEC, hágase voluntario en la campaña en contra de su congresista para hacer llamadas telefónicas a todo el distrito. Pregunte por las listas de llamadas en las ciudades indecisos, y los distritos indecisos en las grandes ciudades. Para obtener el mejor impacto, llame de 17:00 a 21:00. Si usted llama antes de esas horas lo más probable es que usted recibirá un mensaje de correo de voz, lo que no se debe dejar. Si usted llama después de esas horas es más probable que le enoje al votante ser llamado por un extraño al final del día.

La campaña de oposición tendrá probablemente un guión listo, así que las llamadas deben ser breves, ya que la mayoría de la gente es reacia a la encuesta por parte de extraños. Cuando contestan, dígales su nombre y el esfuerzo que está representando. Si se trata de la campaña de oposición, dígalo. Si se trata de su propio esfuerzo, el nombre de "Los votantes en Contra de (el nombre de su congresista)"

Cada vez que usted hace una pausa, deja espacio para el votante a decir: "Lo siento, no estoy interesado" y colgar. Así que antes de dar el tiempo de votantes para responder, simplemente pregunta: "En las próximas elecciones, es usted más propenso a votar por (nombre de su miembro del Congreso) o (nombre del oponente de su miembro del Congreso)?" Empiece cada nombre con su afiliación política. Nuestras llamadas a los votantes en el primer distrito de New Hampshire fue así:

VOTANTE: ¿Hola?

VOLUNTARIO: Hola, Soy (nombre) con Votantes Contra Frank Guinta. Una pregunta rápida: si las elecciones fueran mañana, ¿estarías más propensos a votar por el republicano Frank Guinta o demócrata Carol Shea-Porter?

No importa si el votante dijo: "Guinta," o "Shea-Porter," entonces preguntaríamos: "¿Se siente muy seguro en eso?" Si me dijeron que sí, nos gustaría darles las gracias por su tiempo, y escribir un número al lado del nombre del votante en la hoja de la llamada. Así como usted está rating pueblos 1 al 5, quiere clasificar a los votantes como 1 al 5 también.

Sin embargo, si el votante dijo: "Yo no estoy seguro," le daríamos datos sobre el historial del congresista. Esta es su oportunidad de darles temas de conversación más cortos adaptados a la edad del votante, género o situación económica. Si no puede adaptarse a su tema de conversación en un tweet, es demasiado largo.

- Para las personas mayores de 65 años, nos gustaría decirles Guinta votó a favor de un presupuesto que convertiría a Medicare en un cupón barato para el seguro privado y entregar nuestro dinero de la Seguridad Social a Wall Street.
- Para los votantes más jóvenes quizás con niños, queremos decirles que Guinta votó a favor de un presupuesto que le quitaría a 200.000 niños el almuerzo escolar gratis para mantener bajos impuestos para los millonarios.
- Para las mujeres, queremos decirles que Guinta votó para negar exámenes gratuitos de cáncer de mama para las mujeres pobres, o que él votó en contra el Acto Violencia Contra las Mujeres original. Siempre terminamos la llamada recordando a los votantes cuando es la jornada electoral, y recordarle a registrarse.

Después de preguntarles a los votantes por teléfono, es hora de llamar a las puertas y hablar con la gente cuyos votos decidirá el destino del congresista cara a cara.

III. ESCRUTINIO

Con su información de votante útil que ha obtenido de *VAN* y *VoteBuilder*, junto con los datos que usted ha adquirido de todas las llamadas telefónicas, concentre sus esfuerzos en las puertas de los pueblos indecisos de su distrito, y las salas indecisas en los centros de población más grandes de su distrito.

Realizar esta tarea requerirá una gran base dedicada de voluntarios. Reclutamiento de ellos es el primer paso, pero mantenerlos entregados es tan importante.

No importa si usted es anfitrión de su propio evento para hacer llamadas o encuestas o no, atraiga a sus voluntarios a aparecer y quedarse ofreciéndoles comida y bebidas gratis. Si usted tiene los fondos disponibles, compre unas entradas para un concierto o un evento deportivo profesional y ofrecerlos al voluntario que haga la mayor cantidad de llamadas telefónicas o llamadas de puerta cada semana. Asegúrese de que los voluntarios ganadores consigan reconocimiento público, tanto en el "Muro de la Fama" que aparece en su sede de campaña y con una foto de ellos recibiendo el regalo mostrado y compartido en sus plataformas de redes sociales.

En nuestro esfuerzo por derrotar a Frank Guinta, una vez ofrecimos entradas gratis a un partido de los Boston Red Sox para el voluntario que hizo la mayor cantidad de llamadas. Debido a la popularidad de los Red Sox en Nueva Hampshire, tuvimos varios voluntarios que hicieron cientos de llamadas esa semana. También, usted puede animar a los voluntarios a tener éxito mediante la colocación de los hitos en la pizarra: 1000 llamadas de teléfonos o puerta, seguido de

5000, seguido de 10.000, y así sucesivamente. Nuestros esfuerzos contra Guinta resultaron en más de 10.000 puertas llamadas y decenas de miles de llamadas telefónicas.

El escrutinio será cada vez más importante en las últimas dos semanas antes de las elecciones. Usted debe recordar siempre a armar a sus voluntarios con los datos de cada dirección de votante, incluyendo la edad, el género, la afiliación a un partido, y si votaron o no en la elección anterior. Asegúrese de que sus voluntarios también tengan un montón de literatura con información acerca del historial de votación deplorable de su congresista para dejar en los pomos de las puertas (y NO los buzones) de los votantes que no están en casa. Si usted ve la literatura dada por la campaña de su congresista en la puerta de un votante, sustituirlo por el suyo propio. Pongalo en su bolsillo en vez de tirarlo a la basura.

Si la persona en esa dirección es un votante repetido, dele las gracias por participar en la Democracia después de la introducción de sí mismo. Si esa persona está votando por primera vez, recordarle que esta elección va a ser muy estrecha, y que cada voto emitido podría ser el que hace la diferencia.

Sigue con preguntarle si puede contar con su voto en contra de su congresista. Y al igual que en el teléfono, si está indeciso, entreguele su literatura y darle un tema de conversación que se relaciona con su edad, género o situación económica. Antes de salir, pida a la persona si saben cuál es su lugar de votación, y recordarle el momento en que se abren y cierran las urnas.

Si se les pregunta si el plan es de caminar, conducir o conseguir un paseo de un amigo, tiene que formular un plan en su cabeza por la forma en que van a votar el día de las elecciones, lo que le hace más probable que lo haga. Darle gracias al votante por su tiempo, y escriba el 1 a 5 para la persona tal y como lo ha hecho en el teléfono. Devuelve los datos a los que manejan su sede de campaña.

Mientras que los signos del césped son tabú para un montón de hacks de campaña, los signos en el caso de expulsar a un miembro del Congreso o el legislador pueden ser muy eficaces si se colocan correctamente. Si usted tiene fondos adicionales para gastarlos, ordene 500 a 1.000 signos que tienen su congresista o el nombre del legislador en letras grandes, y un círculo con una línea atravesada sobre su nombre. Si ha pasado los últimos seis meses pintandole esta marca a su congresista, estas serán las representaciones visuales de su marca.

En las últimas dos semanas antes de las elecciones, coloque estos signos en las principales intersecciones de la ciudad, y asegúrese de que la tierra en la que usted está dejando sus señales es público. Use todos de sus señales, y asegúrese de que ninguno de ellos se desperdicie. Si usted tiene más signos que quedan después de la búsqueda de los más visibles intersecciones, guarde los signos para el día antes de las elecciones, y coloquelos en las aceras de los barrios indecisos, más cercanos al lugar de votación.

El Día de Elección, arma a sus voluntarios con cámaras y hágalos grabar el recuento de los votos. Utilice Livestream, si es posible, para garantizar la transparencia y la rendición de cuentas. Si es posible, contar con un equipo de profesionales de derecho listos para impugnar los resultados si el conteo de votos fue incompleto o erróneo. Los observadores electorales pueden estar presentes en cualquier lugar de votación, siempre y cuando no hablan con los votantes, llevan ropa de campaña, o repartir volantes.

Si ha seguido los pasos 1 a 3, su congresista o legislador estatal deben estar en su camino a la oficina de desempleo por el primer miércoles de noviembre.

CÓMO COORDINAR UN ESCRUTINIO EFICAZ

Lo que usted necesita:

1. 20 a 25 voluntarios con tiempo libre durante la semana y fines de semana
2. Un portapapeles para cada voluntario
3. 3 a 5 personas en sus oficinas centrales de la campaña
4. *Voter Activation Network* (NGP VAN) y el software *VoteBuilder*
5. Un lugar de encuentro central
6. 3 a 5 vehículos
7. 100 a 200 folletos de literatura de campaña
8. Mapas de barrios en los que hará el escrutinio
9. 1 paquete de marcadores
10. 1 paquete de bolígrafos
11. 1 ovillo de cuerda
12. 2 a 3 refrigeradores portables llenos de botellas de agua

A.   Utilice *VAN* y *VoteBuilder* para levantar datos sobre la ciudad y el barrio en el que hará el escrutinio. Asegúrese de obtener el nombre, la dirección, el número de personas en la residencia, sexo y edad de los residentes, y la última vez que los residentes votaron. Debe haber un espacio donde los voluntarios marcan si la casa es un 1 al 5. Esta es la información que sus manejadores de datos tendrán que poner en la base de datos.
B.   Imprima un conjunto de hojas de datos sobre los votantes del barrio de cada voluntario en el escrutinio. Adjuntarlos a un portapapeles, junto con un mapa del barrio. Use un marcador para designar por cuál parte de ese barrio en particular es responsable el voluntario. Puede utilizar la cadena para sujetar una pluma en el portapapeles.
C.   Una vez que los datos de los electores, mapas y corrales de vecinos están adjuntos a sus portapapeles, designe un lugar de encuentro para todos los agentes electorales para antes y después del escrutinio. Idealmente sería un restaurante o un bar, ya que sus

encuestadores voluntarios se necesitan y merecen una comida y una bebida después de caminar el pavimento.

D.		Asigne un equipo de encuestadores para cada barrio, y enviarlos en cada uno de los vehículos. Los conductores de sus vehículos serán responsables por el transporte y la seguridad de los voluntarios mientras tocan a las puertas, y tendrán que llevar más lápices, mapas y datos de los electores en la lista, junto con un montón de agua para mantener hidratados a los colportores. Permita 2 a 3 horas para los voluntarios llegar a la totalidad de sus puertas.

E.		Sus encuestadores tienen que preguntarse si una persona ha optado por quién va a votar, si se sienten fuertemente sobre su elección (si ya ha decidido), y distribuir la literatura para los que todavía no están seguros. Después de la conversación, deben marcar el votante de 1 a 5.

F.		Una vez cumplido el escrutinio, cada voluntario debe entregar el portapapeles y hojas de datos de votantes completadas de nuevo al director del escrutinio. El director del escrutinio entregará entonces las hojas de datos de los votantes de nuevo al equipo de datos en su sede de campaña, que entrarán los nuevos datos obtenidos en cada barrio particular a la base de datos.

La campaña *Despide a Frank Guinta* comenzó en marzo de 2012, y contra todo pronóstico, Frank Guinta fue derrotado el 6 de noviembre de 2012, a pesar de tener la clara ventaja de dinero. La pequeña cantidad de fondos del CREDO Superpac pagó por dos organizadores de tiempo completo y un director de la campaña de tiempo completo. El resto de las decenas de personas que ayudaron eran voluntarios concentrados en poner fin a la carrera de Guinta, y el dinero gastado en escrutinios, pancartas y otros gastos provino de nuestros propios bolsillos.

Expulsar a otro político establecido no es imposible, y no requiere invertir millones de dólares en publicidad en televisión. Todo lo que requiere es un determinado equipo de personas que creen que pueden ganar.